JUNIOR LEARNERS

ΟΛΑ ΓΙΑ ΣΚΥΛΟΙ

Σάρλοτ Θορν

JUNIOR LEARNERS

ΟΛΑ ΓΙΑ
ΣΚΥΛΟΙ
Σάρλοτ Θορν

Τα σκυλιά αποκαλούνται συχνά ο καλύτερος, φίλος, του ανθρώπου. Είναι καταπληκτικά ζώα που έχουν ζήσει με ανθρώπους, για πολύ καιρό.

Η εξημέρωση των σκύλων πηγαίνει πίσω στον γκρίζο λύκο. Εξημέρωση σημαίνει ότι οι άνθρωποι εξημέρωσαν ένα ζώο για να ζήσουν μαζί μας.

Λόγω της, επιλεκτικής, αναπαραγωγής,, οι άνθρωποι έχουν δημιουργήσει διαφορετικούς, τύπους, θέσεων εργασίας, για σκύλους!

Στην Αρχαία Αίγυπτο, ο θεός, Anubis είχε το κεφάλι ενός, τσακαλιού, το οποίο ένα ζώο συγγένευε με σκύλους.

Ένας, διάσημος, πίνακας, σπηλαίων στην Ευρώπη απεικονίζει αρχαίους, ανθρώπους, να κυνηγούν με αρχαίους, σκύλους.

Κατά τη διάρκεια του πολέμου, τα σκυλιά χρησίμευαν ως, ζώα πολέμου και βοηθούσαν τους, στρατιώτες, σε επικίνδυνες, δουλειές.

Τα σκυλιά ανήκουν στην οικογένεια των Canidae. Η οικογένεια Canidae περιλαμβάνει επίσης, λύκους, αλεπούδες, και άλλα άγρια σκυλιά.

Οι σκύλοι μπορούν να μυρίσουν πολλά πράγματα επειδή έχουν 300 εκατομμύρια υποδοχείς.

Η ακοή τους, είναι απίστευτη. Μπορούν να ακούσουν ήχους, υψηλής, συχνότητας, που εμείς, δεν μπορούμε.

Υπάρχουν πολλά διάσημα σκυλιά
σε όλο τον κόσμο.

Η Lassie the Rough Collie είναι ένα
σύμβολο σε βιβλία, ταινίες, και
τηλεόραση. Είναι γνωστή για τις,
αποστολές, διάσωσης, της.

Ο Μπάλτο ο γεροδεμένος, οδήγησε μια ομάδα σκύλων ελκήθρου στην Αλάσκα το 1925. Παρέδωσαν ένα σημαντικό φάρμακο σε άρρωστους, ανθρώπους.

Ο Rin Tin Tin ο Γερμανός, Shepard ήταν ένας, από τους, πιο διάσημους, ηθοποιούς, σκύλων και θεωρείται ο πρώτος, αστέρας, του κινηματογράφου με σκύλους, στον κόσμο.

Ας ρίξουμε μια ματιά στις διάφορες ράτσες σκύλων.

Τα Labrador
Retriever είναι
φιλικά σκυλιά.
Έχουν αγάπη για το
νερό.

Οι Γερμανοί
Ποιμενικοί είναι
έξυπνοι και δυνατοί.
Είναι σκύλοι
εργασίας, και έχουν
προστατευτικά
χαρακτηριστικά.

Τα Γκόλντεν Ριτρίβερ είναι παιχνιδιάρικες, δημοφιλείς ράτσες. Είναι όμορφα και γεμάτα προσωπικότητα.

Τα μπουλντόγκ είναι ζαρωμένα και έχουν στιβαρό σώμα. Είναι στοργικά κουτάβια.

Τα λαγωνικά είναι περίεργα σκυλιά και χρησιμοποιούνται στο κυνήγι. Έχουν δισκέτα αυτιά.

Τα κανίς, είναι μια από τις, πιο έξυπνες, ράτσες, σκύλων και είναι γνωστά ως, φανταχτερά σκυλιά.

Τα ροτβάιλερ είναι ισχυρά σκυλιά. Είναι αξιαγάπητα μωρά.

Τα Yorkshire Terriers είναι μικρές, δέσμες, ενέργειας. Έχουν μακριά παλτό και λατρεύουν τα ταξίδια με τσάντες.

Οι μπόξερ είναι
παιχνιδιάρικα
κουτάβια. Έχουν
τετράγωνο κεφάλι
και τους, αρέσει να
είναι δραστήριοι.

Τα Dachshunds
είναι μακριά
σκυλιά "χοτ-ντογκ",
που τα καθιστά
μοναδικά. Έχουν
μεγάλο πνεύμα για
μικρό σώμα!

Τα Siberian Huskies τραβούν έλκηθρα και είναι πολύ φωνητικά, φιλικά σκυλιά. Έχουν επίσης, λαμπερά μπλε μάτια.

Τα Doberman Pinscher είναι κομψά, δυνατά σκυλιά. Είναι προστατευτικοί φύλακες.

Τα Shih Tzus είναι μικρά σκυλιά αγκαλιάς. Είναι πολύ φιλικά κατοικίδια.

Οι Great Danes είναι πολύ ψηλοί σκύλοι. Μπορεί να είναι πολύ γλυκά.

Τα Border Collies είναι ευκίνητα και έξυπνα. Έχουν πολλή ενέργεια.

Τα Shetland Sheepdogs είναι σκυλιά που ακούνε. Είναι γνωστά για την παχιά γούνα χαίτη τους.

Τα τσιουάουα είναι μικροσκοπικά αλλά έχουν μεγάλες, καρδιές. Είναι γλυκά όταν τα σέβονται.

Τα Pembroke Welsh Corgis είναι μικρά αλλά έχουν μεγάλα αυτιά. Παραδόξεως, ακούνε σκυλιά.

Οι Άγιοι Βερνάρδες, είναι γνωστοί για το έργο διάσωσης, τους. Είναι ευγενικοί γίγαντες.

Οι Αυστραλοί Ποιμενικοί είναι έξυπνα και ευκίνητα κατοικίδια. Δουλεύουν ως, βοσκοί.

Τα πατημασιά είναι μικρά, ζαρωμένα χαριτωμένα. Έχουν μια πολύ παιχνιδιάρικη αλλά επίμονη φύση.

Οι Μαλαμούτες, της, Αλάσκας, είναι σκυλιά έλκηθρου και μπορούν να επιβιώσουν σε ψυχρά κλίματα.

Τα αυστραλιανά τεριέ είναι μικρά με τραχύ τρίχωμα. Κάνουν υπέροχα κατοικίδια.

Τα μπασέντζι έχουν γιόντελ γουρλάκια. Είναι εξαιρετικά έξυπνα και ανεξάρτητα σκυλιά.

Τα Bichon Frisés
μοιάζουν με
σύννεφα. Έχουν
εύθυμες
προσωπικότητες.

Τα Bloodhound
έχουν πεσμένα
αυτιά και υπέροχη
όσφρηση.
Χρησιμοποιούνται
και σε διασώσεις.

Τα Boston
Terriers έχουν
σμόκιν παλτά.
Είναι φιλικά
κουτάβια.

Τα Cavalier King
Charles Spaniel
έχουν τις,
καλύτερες,
προσωπικότητες,
καθώς, και
όμορφα παλτά.

Τα Κόκερ Σπάνιελ έχουν μακριά μεταξένια αυτιά και έχουν έναν αέρα κατηγορίας, για αυτά.

Οι αγγλικοί μαστίφ είναι γιγάντια σκυλιά! Είναι ήρεμοι και χαριτωμένοι.

Τα Akitas είναι ευγενή κατοικίδια. Είναι γνωστά για το παχύ τρίχωμα της, γούνας, τους.

Οι Μαλτέζοι είναι πρόθυμα μικρά λευκά σκυλιά και αγαπούν την προσοχή.

Τα Burmese
Mountain Dogs
είναι πολύ
μεγάλα αλλά
πολύ ευγενικά.

Τα Pomeranians
είναι χνουδωτά
σκυλάκια.
Έχουν τολμηρές,
προσωπικότητες.

Οι Rhodesian Ridgebacks έχουν μια "ράχη" από τρίχες, στην πλάτη τους. Χρησιμοποιούνται για κυνήγι.

Τα Irish Setters είναι κομψά, ζωντανά σκυλιά. Είναι εξωστρεφείς, καλλονές.

Τα αυτιά του
Papillon
μοιάζουν με
πεταλούδες.
Είναι φιλικά
χαριτωμένα.

Τα Whippets
είναι εξαιρετικά
γρήγορα και
πολύ ευκίνητα
και ήπια με τους,
ανθρώπους, τους.

Τα Shar-Peis είναι πολύ ζαρωμένα. Είναι πιστά και προστατευτικά σκυλιά.

Οι Δαλματοί είναι ενεργητικοί σκύλοι και είναι το επίσημο σύμβολο των πυρκαγιών.

Τα σκυλιά βοηθούν τους, ανθρώπους, καθημερινά.

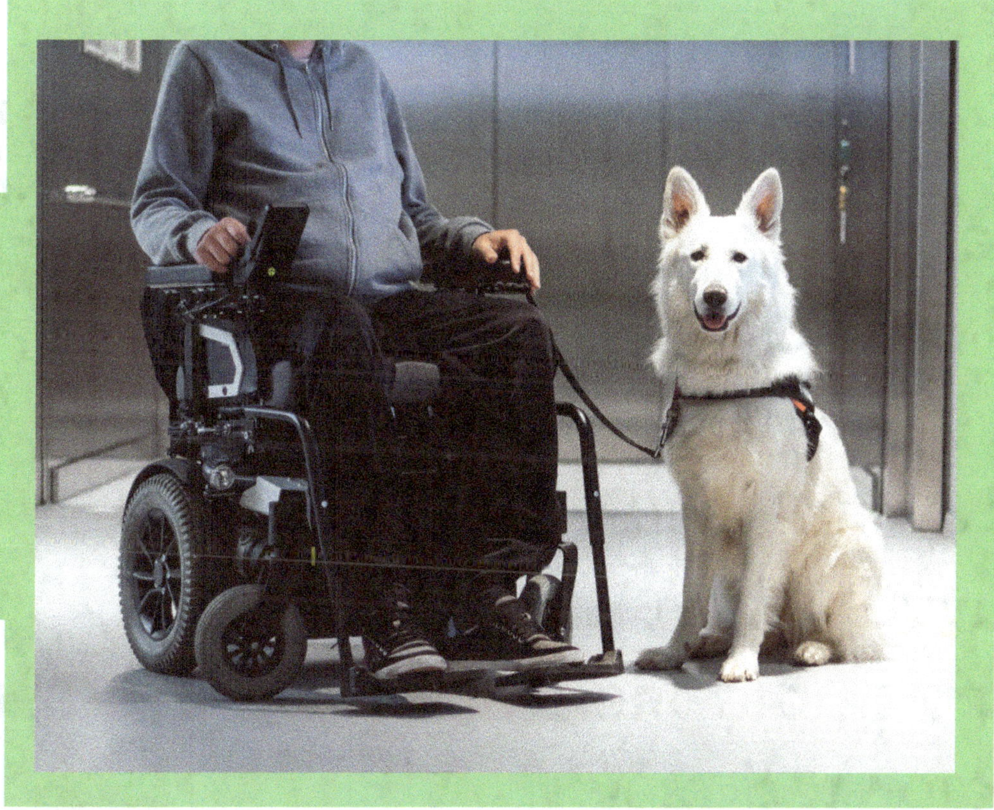

Πολλά σκυλιά εργάζονται ως, ζώα εξυπηρέτησης, βοηθώντας, άτομα με αναπηρία.

Οι σκύλοι έρευνας, και διάσωσης, εργάζονται για τον εντοπισμό των αγνοουμένων κατά τη διάρκεια καταστροφών.

Τα σκυλιά συνεργάζονται δίπλα-δίπλα με την αστυνομία. Τα κουτάβια που δεν περνούν την εκπαίδευση πηγαίνουν σε αγαπημένες, οικογένειες.

Οι σκύλοι θεραπείας, παρέχουν συναισθηματική υποστήριξη σε άτομα στα νοσοκομεία και στη δημόσια ασφάλεια.

Οι σκύλοι είναι σημαντικό μέρος, της, καθημερινότητάς, μας. Είναι σημαντικό να φροντίζετε τα σκυλιά. Δεν είναι μόνο σκληρά εργαζόμενοι αλλά σημαντικά μέλη της, οικογένειάς, μας!